GUIDE

DE LA

TOUR EIFFEL

Le seul "GUIDE" dont la vente est autorisée par

M. EIFFEL

à l'intérieur de la Tour

PARIS

IMPRIMERIE BREVETÉE MICHELS ET FILS

8 et 10, Passage du Caire, 8 et 10

1890

La Tour de 300 Mètres, vue prise de l'Ile des Cygnes.

AVANT-PROPOS

A quoi servira la Tour ?

« Les malveillants avaient dit que la Tour Eiffel ne serait pas achevée. Elle a été achevée la première. Ils disaient qu'elle écraserait Paris. Elle ne l'écrase pas, elle l'annonce. Elle sera le grand éclat de l'Exposition. On viendra pour voir cette Tour de 300 mètres, le premier ouvrage des hommes qui se soit élevé si haut. Des artistes s'étaient coalisés pour protester contre elle au nom de l'art. Ignoraient-ils que l'immensité est aussi une beauté ? Cette Tour donne, plus que tout autre monument, l'impression de la force. Elle est bien à sa place dans une Exposition, puisqu'elle est le chef-d'œuvre de l'art du constructeur. Elle vient à son heure, à la veille du xxe siècle, pour symboliser l'âge du fer où nous entrons. Au second étage, et surtout sur la plus haute plate-forme, on découvre un paysage tel que les yeux de l'homme n'en ont jamais vu. C'est là-haut qu'il fait bon philosopher sur la marche des siècles. La nature et l'histoire se déroulent l'une et l'autre sous leur plus puissant aspect. C'est à cette plaine étendue sous vos pieds que tout le passé vient aboutir. C'est là que l'avenir s'accomplira. »

Nous avons placé cette courte et vibrante appréciation d'un des plus grands penseurs de ce siècle en tête de ce Guide. Qu'aurionsnous trouvé de plus précis, de plus saisissant et de plus vrai que ces quelques lignes détachées d'un article de M. Jules Simon ?

La prédiction de l'éminent écrivain s'est réalisée : la Tour Eiffel
a contribué puissamment à l'éclat de l'Exposition de 1889.

A cette demande : Quelle peut être l'utilité de la Tour en dehors
de la contemplation du plus beau des panoramas et des sensations
éprouvées à une telle élévation ?

M. Eiffel a répondu, le 20 février 1889, dans la conférence qu'il
a faite à la Société centrale du Travail professionnel, à l'École des
Hautes Études commerciales.

Voici ce qu'il a dit :

« La construction de cette Tour permettra donc d'observer, avec
« des jeux de lumière inconnus, un site d'une beauté incompa-
« rable et nouvelle, en face duquel chacun sera vraiment im-
« pressionné par le sentiment des grandeurs et des beautés de
« la nature, en même temps que par la puissance de l'effort
« humain.

« Mais en dehors de ces spectacles si propres à élever l'âme, la
« Tour aura des applications très variées, soit au point de vue de
« notre défense nationale, soit dans le domaine de la science.

« En cas de guerre ou de siège, on pourrait du haut de la Tour
« observer les mouvements de l'ennemi dans un rayon de plus
« de 70 kilomètres, et cela par-dessus les hauteurs qui entourent
« Paris, et sur lesquelles sont construits nos nouveaux forts de
« défense. Si l'on eût possédé la Tour pendant le siège de Paris
« en 1870, avec les foyers électriques intenses dont elle sera
« munie, qui sait si les chances de la lutte n'eussent pas été pro-
« fondément modifiées ? La Tour serait la communication cons-
« tante et facile entre Paris et la province à l'aide de la télégra-
« phie optique dont les procédés ont atteint une si remarquable
« perfection.

« Elle est elle-même à une distance telle des forts de défense
« qu'elle est absolument hors de portée des batteries de l'ennemi.

« Elle sera, en outre, un observatoire météorologique merveil-
« leux, dans lequel on pourra étudier utilement, au point de vue
« de l'hygiène et de la science, la direction et la violence des
« courants atmosphériques, l'état et la composition chimique de
« l'atmosphère, son électrisation, son hygrométrie, la variation

« de température à diverses hauteurs, l'étude de la polarisation
« atmosphérique, etc.

« Comme observations astronomiques, la pureté de l'air à cette
« grande hauteur et l'absence des brumes basses qui recouvren-
« le plus souvent l'horizon de Paris, permettront de faire un grand
« nombre d'observations d'astronomie physique, souvent impossi-
« bles dans notre région.

« Je ne veux pas fatiguer votre attention par l'énumération des
« expériences scientifiques, en nombre considérable, dont beau-
« coup de savants ont déjà tracé tout un programme, et qui com-
« prennent : l'étude de la chute des corps dans l'air, la résistance
« de l'air sous différentes vitesses, certaines lois de l'élasticité,
« l'étude de la compression des gaz ou des vapeurs sous la pres-
« sion d'un immense manomètre à mercure de 400 atmosphères,
« une nouvelle réalisation, à une grande échelle, du pendule de
« Foucault, démontrant la rotation de la terre ; la déviation vers
« l'est d'un corps qui tombe, etc., etc. ; enfin toute une série d'ex-
« périences physiologiques du plus haut intérêt.

« Je peux même assurer qu'il y a peu de savants qui ne pen-
« sent en ce moment à réaliser à l'aide de la Tour une expérience
« quelconque se rattachant plus spécialement à l'objet de leurs
« études. »

Pour placer sa tour sous l'invocation de la science, M. Eiffel a
inscrit en lettres d'or, sur la grande frise du premier étage, les
noms des savants qui ont illustré la France depuis 1789.

Il n'est que juste de parler du père avant de présenter l'enfant.
C'est un devoir que nous allons remplir tout d'abord, en guide
consciencieux.

M. EIFFEL

Une énergie indomptable, une volonté opiniâtre, une ténacité de fer forment le fond du caractère de l'éminent ingénieur qui a attaché à la Tour de 300 mètres un nom désormais connu dans le monde entier, jusque dans les bourgades reculées; plus et mieux connu sans doute qu'aucun des noms mis en relief par la politique. A côté de cela, M. Eiffel est un homme bienveillant, doux, avec une certaine timidité dans les relations.

M. Eiffel a eu de vaillants collaborateurs : son gendre, M. Salles, ingénieur; MM. Nouguier et Kœchlin, ingénieurs de sa maison, et M. Sauvestre, architecte.

Porté dès le début par l'opinion publique, M. Eiffel a surmonté les obstacles que rencontrent toujours dans leur réalisation les conceptions grandioses faites pour exciter l'envie.

A point nommé, le 31 mars 1889, M. Eiffel a pu planter lui-même le drapeau français sur ce monument incomparable, le plus élevé qui soit jamais sorti de la main des hommes.

Ce jour-là, M. Tirard, président du Conseil et Commissaire général de l'Exposition, lui a annoncé en présence de ses ingénieurs, de ses ouvriers et du haut personnel de l'Exposition, que le Président de la République lui avait conféré la croix d'officier de la Légion d'honneur.

Cette distinction, cent fois justifiée déjà par d'étonnants travaux accomplis en France et à l'étranger, M. Eiffel ne l'attendait pas ce jour-là; et cette surprise lui a été faite par M. Tirard, aux applaudissements chaleureux de toute l'assistance.

On sait que les usines de M. Eiffel sont situées à Levallois-Perret. Or, le 20 avril 1889, le maire de cette commune suburbaine de Paris, la municipalité et une grande partie de la population, se sont rendus aux ateliers de montage de la Tour de 300 mètres, pour féliciter M. Eiffel de sa promotion au grade d'officier de la Légion d'honneur.

Être un *Guide* sincère, scrupuleux, utile, indispensable même pour le voyageur qui entreprend l'ascension de la Tour de 300 mètres, est toute notre ambition.

Les mots de voyage et d'ascension ne sont pas déplacés ici, puisque le trajet entre la base et le sommet de la Tour est coupé par plusieurs stations, qu'on peut parcourir par des moyens de locomotion divers; et que l'on y rencontre de véritables villes, comme au premier étage, où des milliers de personnes peuvent stationner et s'attabler pour déjeuner, pour dîner ou pour souper, dans d'immenses et magnifiques restaurants.

LA TOUR

Faisons d'abord la connaissance de la gigantesque Tour, sortie du cerveau d'un ingénieur déjà célèbre par ses travaux considé-

Le Marchand de « Tour Eiffel ».

rables, qui ont contribué à donner à ce dernier quart de siècle son caractère d'audace et de grandeur.

Le pont de Garabit et les projets d'écluses de Panama avaient déjà placé M. Eiffel au rang des plus grands ingénieurs du monde, lorsqu'il conçut la Tour de 300 mètres.

Cette Tour merveilleuse a été le point de départ de toute une révolution dans l'art des constructions en fer, puisqu'elle démontre que l'on peut franchir des vallées et des ravins de grande profondeur, jusqu'alors réputés infranchissables. C'est à peine si l'on avait jusqu'alors osé concevoir des piles de viaduc de plus de 120 à 130 mètres d'élévation. M. Eiffel a démontré qu'on pouvait les porter à 300 mètres.

Désormais, les lignes de chemin de fer ne feront plus d'énormes détours pour contourner des vallées de 200 à 300 mètres de profondeur, et les voyages seront abrégés.

Les Fondations

Le Champ-de-Mars appartient en partie à l'État, en partie à la Ville de Paris. C'est sur cette dernière partie que la concession a été donnée à M. Eiffel pour une durée de 20 années.

La Tour est placée dans l'axe du Champ-de-Mars et, comme celui-ci est incliné à 45° sur la méridienne, il en résulte que les quatre piles de la Tour se trouvent très exactement aux quatre points cardinaux. Les deux piles en avant, vers la Seine, sont *Nord* et *Ouest*, celles en arrière, sont *Est* et *Sud*. Pour la personne placée sur le pont d'Iéna, la pile la plus rapprochée de la Seine, à gauche, est la pile *Nord*. La pile *Est* est derrière celle-ci. A droite, la plus rapprochée de la Seine est la pile *Ouest*. Derrière celle-ci est la pile *Sud*. Nous emploierons les points cardinaux pour désigner les piles aux ascensionnistes.

Les fondations des deux piles en arrière Est et Sud, sont établies sur un massif de béton de 2 mètres qui repose sur une couche de plus de 5 mètres de gravier et de sable. Les fondations des piles en avant, vers la Seine, sont établies à l'aide de caissons en tôle de 15 mètres de longueur sur 6 mètres de largeur, au nombre de 4 pour chaque pile, enfoncées jusqu'à 5 mètres au-dessous du niveau de la Seine. Les fondations sont parfaites.

Chacune des quatre arêtes en fer de chaque pile transmet obliquement sa part de pression de la masse supportée, qui s'élève, à son entrée dans la maçonnerie, à 565 tonnes sans la pression complémentaire qui peut être ajoutée par le vent, et 875 tonnes avec le vent réparties sur 90 mètres carrés dans les piles 2 et 3, ce qui donne une charge de 3 kilos 7 par centimètre carré. Et comme la profondeur est moins grande dans les piles 1 et 2, à cause des caissons de fondation, la charge n'est, de ce côté, que de 3 kilos 3 par centimètre.

Par excès de sécurité, on a, au centre de tous les massifs, faisant suite aux seize arêtes des quatre piles, noyé dans la maçonnerie d'énormes boulons de 7ᵐ80 de longueur qui intéressent les massifs de maçonnerie par des sabots en fonte et des fers à ⊥.

Les assises, en pierre de taille de Château-Landon, sont capables de résister à un écrasement de 1,235 kilogrammes par centimètre carré. Et la pression sous les sabots de fonte qui supportent les arêtes de la Tour n'est que de 30 kilogrammes par centimètre carré. La pierre des assises ne travaille donc qu'au quarantième de sa puissance de résistance.

Il n'y a donc aucun doute à concevoir sur la solidité des fondations.

Les fondations proprement dites sont noyées dans un remblai arasé au niveau du sol. La base massive qui apparaît sous forme de rocaille et de soubassement n'est qu'un habillage. La rocaille est composée par des massifs de maçonnerie pittoresquement arrangés, entre lesquels naissent des fleurs et des arbustes. Si bien que chaque pile a l'air d'être placée sur un énorme rocher émergeant du sol. Le soubassement décoratif, vertical d'abord, puis suivant l'inclinaison de la pile, est constitué par des dalles en béton Coignet, égayées par un semis de dessins en creux.

Puisque nous en sommes encore aux fondations, nous devons dire que celles de la pile Sud sont à l'état de cave destinée au logement des machines et de leurs générateurs. Cette chambre des machines correspond par un canal à une tourelle qui s'élève de l'autre côté du lac. Cette tourelle pittoresque est la cheminée de la chambre des machines.

Les fondations, attaquées le 28 janvier 1887, terminées le 30 juin de la même année, ont occasionné 31,000 mètres cubes de fouilles et absorbé 12,000 mètres cubes de maçonnerie.

La Construction métallique

La Tour de 300 mètres, qui a rendu le nom de M. Eiffel si populaire, ne pèse pas moins de 7,300,000 kilogrammes ; elle a étonné les Parisiens par la marche si rapide, si régulière et si scientifique de sa construction. C'est le plus colossal spécimen de l'art de l'ingénieur qui soit au monde.

Voici quelques détails sur le montage de la partie métallique. Chaque pile est formée par quatre montants, composés de tronçons dont le poids a varié de 2,500 à 3,000 kilogrammes. Ces montants sont de vrais caissons dans lesquels un homme peut se tenir. Ces caissons sont reliés entre eux par des treillis et des entretoises qui forment les remarquables et inextricables dentelles de fer qui font l'admiration de tous dans cet édifice si grand, si colossal et si léger à la fois.

La construction métallique de la Tour Eiffel a été une merveille de précision. Elle a été le dernier mot de l'art de l'ingénieur. Plus de chantier à pied d'œuvre, les pièces arrivaient sur place sans avoir besoin de retouches. C'est ainsi que des millions de trous de rivets et de boulons ont été percés dans les ateliers de Levallois et que les petits chantiers mobiles qui s'élevaient avec l'édifice ont pu forger, riveter et boulonner les pièces au fur et à mesure de leur arrivée en place au moyen de grues, également mobiles et ascensionnelles. Une telle précision a été l'objet de l'admiration de tous les hommes compétents.

L'électricité atmosphérique reçue par cette masse de fer s'écoule dans le sol, dans chaque pile, par deux tuyaux de conduite de 50 centimètres de diamètre, immergés jusqu'à 18 mètres au-dessous du niveau de la nappe aquifère.

La première partie de la Tour Eiffel se compose donc de quatre piles inclinées réunies à la hauteur de 55 mètres par des poutres de 7^m50, qui ont fait de cette base colossale la masse rigide et fixe sur laquelle s'élève la Tour proprement dite. L'espace occupé par les quatre piles est de plus d'un hectare ; puisque, de l'axe d'une des piles (à la base) à l'axe d'une autre pile, la distance est de 100 mètres. Cette première partie du monument, mal jugée par des gens qui n'ont pas la patience d'attendre la fin des choses, est et restera un monument à la fois grandiose et élégant, artistique aussi, depuis qu'il a reçu tous ses ornements. Ces quatre arcs immenses ne sont-ils pas des cadres merveilleux, qui entourent de magnifiques édifices sans nuire à leurs proportions, pas plus qu'un cadre ne nuit à tel détail d'un tableau.

Au-dessus de la poutre qui a fermé les grands arcs, se trouve l'encorbellement qui soutient les galeries du premier étage. Entre les consoles se trouve une frise sur laquelle sont inscrits en lettres d'or, parfaitement lisibles d'en bas, les noms de 72 hommes qui ont honoré la science française : 18 de chaque côté.

Côté de Paris :

Petiet, Daguerre, Wurtz, Leverrier, Perdonnet, Delambre, Malus, Breguet, Polonceau, Dumas, Clapeyron, Barda, Fourier, Bichat, Sauvage, Pelouze, Carnot et Lamé.

Côté du Trocadéro :

Séguin, Lalande, Tresca, Poncelet, Bresse, Lagrange, Belanger, Cuvier, Laplace, Dulong, Chasles, Lavoisier, Ampère, Chevreul, Flachat, Navier, Legendre, Chaptal.

Du côté de Grenelle :

Jamin, Gay-Lussac, Fizeau, Schneider, Le Chatelier, Berthier, Barral, de Dion, Gouin, Jousselin, Broca, Becquerel, Coriolis, Cail, Triger, Chiffard, Perrier, Sturm.

Vers l'École Militaire :

Cauchy, Belgrand, Regnault, Fresnel, de Prony, Vicat, Ebelmen. Coulomb, Poinsot, Foucault, Delaunay, Morin, Hauy, Combes, Thénard, Arago, Poisson et Monge.

Au-dessus, tout autour, la galerie ou promenoir se présente extérieurement comme une succession de loggias à arcatures gracieuses, nouées à leurs bases par de superbes écussons en bronze. Les tympans de ces arcades sont en treillis dorés disposés en éventail, dont les lignes partent d'une légère colonnette. Les entre-deux verticaux qui séparent les loggias sont à jour, avec des cabochons en cristal de cornaline. Derrière chaque cabochon, un bec de gaz. Si bien que ce sont autant de colonnes étincelantes les jours d'illumination. Comme ces jours-là les lignes de feu suivent les grandes lignes du monument, on se rend compte de la valeur artistique de cette conception cyclopéenne.

LES MOYENS D'ASCENSION

Les Escaliers

On a les ascenseurs et les escaliers pour monter jusqu'au second étage, et un ascenseur seulement pour monter du second étage au sommet. Parlons des escaliers d'abord.

Dans les piles Est et Ouest sont disposés des escaliers à solides marches en chêne et larges de 1 mètre. Il y a 318 marches pour arriver au premier étage. On monte par celui de la pile Ouest :

celui de la pile Est est affecté à la descente des piétons. Ces escaliers sont très doux, coupés par de nombreux paliers. L'ascension n'y est nullement fatigante. 2,000 personnes peuvent prendre cette voie par heure, sans qu'il y ait encombrement.

Entre le premier et le second étage, les quatre escaliers sont affectés au public, deux pour la montée, deux pour la descente.

La Base des Ascenseurs.

Ce sont ceux des piliers Ouest et Est. Ces escaliers sont héliçoïdaux, de 0^m60 de largeur. Ici encore 2,000 personnes peuvent monter et descendre par heure.

Du deuxième étage au sommet, il y a bien encore un escalier héliçoïdal tournant autour de l'axe même de la Tour : mais c'est un escalier de service, qui n'est pas mis à la disposition du public.

Les Ascenseurs

Il y a, de la base au sommet, trois sortes d'ascenseurs.

Du sol au premier étage il y a quatre ascenseurs, deux du

système Roux, Combaluzier et Lepage, et deux du système Otis.
Le système Roux, Combaluzier et Lepage, devant suivre une
ligne inclinée à courbure variable, on a dû articuler le piston à
la façon d'une chaîne de drague sans fin, portée par une poulie
au premier étage. La cabine fixée sur l'un des brins de la chaîne
est donc constamment portée par un piston qui la pousse ; et, de
plus, comme le poids mort se trouve constamment équilibré,
aucune chute n'est possible. Cette cabine est à deux étages et
peut élever une centaine de personnes par voyage.

L'Ascenseur Edoux.

Les ascenseurs du système Otis qui vont du sol au premier
étage, poursuivent leur course jusqu'au second étage. Pour cette
ascension on a eu recours au système américain Otis, avec un
piston-hydraulique actionnant un moufle énorme, dont le garant
passe sur des poulies de renvoi placées de distance en distance
jusqu'au-dessus du second étage et redescend s'accrocher à la
cabine. Il en résulte que, pour un déplacement de 1 mètre du
piston du cylindre de 11 mètres placé dans le pied de la Tour, la
cabine monte ou descend de 12 mètres. Le contrepoids se déplace
en roulant sous le chemin des ascenseurs.

Coupe de l'Ascenseur Otis.

Les câbles qui supportent la cabine sont au nombre de six, dont deux sont reliés au contrepoids et quatre appartiennent au système de poulies mouflées. Ils sont en fil d'acier. Un seul de ces câbles suffirait pour porter, sans se rompre, cabine et voyageurs. On y a, par surcroît, ajouté un frein de sûreté. Le contrepoids étant également muni d'un appareil de sûreté, sa chute est impossible.

La cabine du système Otis ne contient que 50 voyageurs, au lieu de 100 ; mais sa vitesse étant double de celle des autres systèmes, son rendement par heure sera le même.

Les quatre ascenseurs de la première course sont, suivant les nécessités, au service du public à partir de dix heures du matin et jusqu'à dix heures du soir.

Du second étage à la plate-forme supérieure, au-dessous du campanile, l'ascenseur est du sytème Edoux. Il s'agit ici de fournir une course de 160 mètres, telle que n'en avait encore fourni aucun ascenseur. Le plus puissant ascenseur connu a été installé en 1878 dans l'une des tours du Trocadéro, où il fonctionne encore. Sa course est de 63 mètres, et c'est également M. Léon Edoux qui l'a construit.

La course de 160 mètres est coupée en deux par une plate-forme intermédiaire qui est le vrai point de départ de l'ascenseur Edoux, hydraulique et vertical plongeur, comme ceux du Trocadéro et des maisons de Paris.

La cabine qui fait le trajet entre le second étage et le plancher intermédiaire est reliée par des câbles à une seconde cabine qui forme contrepoids et qui voyage entre le troisième étage et le plancher intermédiaire, soit 80 mètres en sens contraire. Total pour les deux : 160 mètres.

De la partie supérieure de la première cabine et des deux extrémités du palonnier partent quatre câbles qui, passant sur des poulies placées au sommet de la Tour, soutiennent la deuxième cabine. Deux des câbles s'attachent sur un palonnier au milieu duquel est suspendue cette cabine, les deux autres câbles sont fixés au corps de la cabine même.

Les cabines ont 14 mètres carrés. Elles peuvent contenir 63 personnes environ, et élever 750 personnes à l'heure.

1

Nous avons dit que le plancher intermédiaire était le point de rencontre des deux cabines. Lorsque la cabine supérieure monte, la cabine à course inférieure (qui lui sert de contrepoids) descend tout naturellement. Il s'ensuit que pour parcourir le trajet de 160 mètres, il y a une station au plancher intermédiaire, comme dans un chemin de fer. Chaque cabine parcourant la moitié de la course, il y a échange des voyageurs sur le plancher intermédiaire sans le moindre encombrement, les « montants » passant par une autre porte que les « descendants » ; sans perte de temps non plus.

Il faut 1 minute 1/2 pour arriver au plancher intermédiaire, 1 minute pour l'échange des voyageurs d'une cabine à l'autre et 1 minute 1/2 pour la course supérieure. Total : 4 minutes, du second à la plate-forme supérieure.

Un réservoir de 20,000 litres d'eau est placé au sommet de la Tour pour le service de l'ascenseur Edoux.

Enfin, un frein de sûreté (dispositif Blackman) permet de répondre absolument de tout accident et d'affirmer que, même dans le cas de rupture d'un organe important de l'ascenseur, les visiteurs portés par la cabine n'auraient à redouter aucune chute.

La durée de l'ascension totale, du pied au sommet, au moyen des ascenseurs, est de 7 minutes.

L'ensemble des ascenseurs est servi par un moteur de 400 chevaux, installé dans les fondations de la pile n° 3. Il permet d'élever, par heure, 2,350 personnes au premier et au deuxième étage, et 750 au sommet. Par les escaliers et les ascenseurs réunis, on peut dire que, chaque heure, 5,000 personnes peuvent visiter la Tour Eiffel.

Dans la Tour

Le séjour dans la Tour est facultatif.

Vous imaginez-vous le nombre de personnes que peut contenir la Tour, lorsqu'elle a son maximum de visiteurs ?

Non, n'est-ce pas ?

Eh bien, faites le calcul :

Chacun des restaurants et des salles du premier étage,
soit pour les quatre. 1.600
   1.000 environ peuvent se mouvoir sur chacune des
quatre galeries extérieures. 4.000
   Entre les restaurants, il y a des galeries et des terrasses
inférieures pouvant contenir ensemble.   400

                Total pour le premier étage. . . .   6.000

  On peut tenir 1,500 au second étage et 500 au sommet,
ensemble 2.000
   Les personnes en voie d'ascension, plus les gens de
service 2.000
   Et vous aurez, lorsque la Tour sera saturée de visiteurs,
un total d'environ 10.000

Dix mille personnes dans cette résille en fer; quelle cage à
mouches! Quel bourdonnement! Quelle vie! Une ville dans un
tube. Le mouvement perpétuel. Et dire que des jours de cohue,
le dimanche par exemple, cela peut durer de dix heures du matin
à dix heures du soir.

Les Tickets

On peut monter au premier étage, par escalier ou par ascenseur,
à son gré, puisque le prix de l'ascension est le même pour les
deux modes.

Le tarif des visites à la Tour Eiffel est ainsi fixé : on monte
pour 1 franc à la première plate-forme, pour 2 francs à la seconde,
pour 4 francs à la troisième, pendant la semaine. Les prix sont
de 50 centimes à la première plate-forme, 1 franc à la seconde,
2 francs à la troisième, le dimanche, soit 4 francs en semaine
et 2 francs le dimanche, pour l'ascension complète.

Les trajets parcourus par le public sont, comme on sait, de 60,
115 et 276 mètres.

L'administration peut ouvrir 16 guichets, suivant les nécessités :

8 au rez-de-chaussée, 4 à la première plate-forme et 2 à la deuxième pour la vente des tickets.

On délivre des tickets *bleus* pour la première plate-forme, *blancs* pour la seconde et *rouges* pour le sommet.

La personne à destination de la première plate-forme remet son ticket bleu à l'arrivée. N'en ayant plus, elle ne peut monter plus haut que si elle achète un second ticket — le blanc — qui sert entre la première et la seconde plate-forme. Enfin, pour monter au sommet, il faut acheter un ticket rouge.

*
* *

Et les piétons ?

Ceux que les ascenseurs impressionnent, ou qui veulent se livrer à un exercice apéritif avant de dîner ou de déjeuner au premier étage, ont à leur disposition deux escaliers confortables pour le service de la première plate-forme. Celui de la pile Ouest pour monter et celui de la pile Est pour descendre.

Que l'on monte à pied ou en ascenseur, c'est le même prix et es tickets sont pareils. Si bien que les tickets une fois pris pour le premier ou le second, on peut faire le trajet d'une façon ou de l'autre.

Vous voilà renseignés sur la Tour Eiffel, sur les moyens d'ascension, sur les prix des voyages. Il s'agit maintenant de se mettre en route.

LES ASCENSIONS A LA TOUR

A Pied.

Montée au 1ᵉʳ étage, par l'escalier de la pile Ouest.

Descente par l'escalier de la pile Est.

Montée du 1ᵉʳ au 2ᵉ étage, par les escaliers Nord ou Sud.

Descente par les escaliers Est ou Ouest.

Par Ascenseur.

Montée au 1ᵉʳ étage, par les piles Est ou Ouest.

Descente du 1ᵉʳ étage, par les ascenseurs des mêmes piles.

Montée au 2ᵉ étage : en partant du 1ᵉʳ étage, par la pile Sud

Descente du 2ᵉ étage : jusqu'au 1ᵉʳ étage, par la pile Sud.

Du deuxième étage au sommet, l'ascenseur est obligatoire.

Heures d'Ascension.

On délivre des billets : de 10 heures du matin à 10 heures du soir.

Les voyageurs qui désirent monter jusqu'à la troisième plate-forme doivent prendre au guichet du deuxième étage un billet supplémentaire.

L'ASCENSION

La Tour est livrée au public à partir de 10 heures du matin. Dès ce moment, les ascenseurs qui conduisent au premier étage sont à sa disposition.

Il y a devant la face intérieure de chaque pile un élégant châlet où l'on délivre et où l'on contrôle les tickets.

On peut, à volonté, prendre son ticket pour le premier étage seulement ou pour le second.

On ne peut pas prendre, en bas, les tickets pour le troisième étage ; parce que les moyens de locomotion, qui sont de 2.000 par heure jusqu'au second étage, ne sont plus que de 750 par heure entre le second et le troisième étage. Si les 2.000 personnes montées au second avaient un droit constaté par un ticket du troisième, pris au bas, et l'ascenseur ne pouvant en élever que 750 (par heure) du second au sommet, il en résulterait des discussions et des encombrements.

On y a obvié en obligeant l'ascensioniste de reprendre un nouveau billet au second étage, s'il veut monter plus haut. Cela permet d'arrêter la délivrance des tickets aussitôt que la capacité de l'ascenseur Edoux est atteinte. On évite ainsi tout embarras.

Le ticket bleu en main, vous passez au guichet ; et, aussitôt après avoir gravi un petit escalier, vous prenez place à l'un des deux étages de la cabine.

Si vous voulez voir la charpente en fer mettez-vous à une fenêtre intérieure. Si vous tenez à voir au dehors placez-vous aux fenêtres extérieures.

Que vous décrire, que vous pourriez observer ou suivre dans un trajet qui ne dure pas une minute ?

Si vous êtes du côté voulu pour voir le Champ-de-Mars, vous apercevez, en prenant place, les jardins, les fontaines, lès statues, les palais et les dômes des Beaux-Arts et des Arts libéraux et le Palais des machines. En somme, un grand et magnifique tableau taillé en pièces par les treillis et les entretoises.

Mais voici l'ascenseur en route, doucement d'abord, et le tableau semble s'abaisser. Vous avez à peine éprouvé cette sensation, que les treillis se resserrent et obstruent la vue. La forêt de fer s'épaissit ; on ne voit plus rien du tout. On est arrivé. Un peu moins d'une minute pour atteindre le premier étage. Ce n'est pas la peine de s'en passer.

Si vous n'avez qu'un billet bleu de premier étage, il faut en prendre un autre, un billet blanc pour monter au second.

Au second, ainsi qu'il vient d'être dit, il faut en tous cas prendre un billet nouveau (rouge) pour monter au troisième.

L'Ascension à pied

Le piéton est mieux partagé pour cette première partie de l'ascension. L'escalier est droit, commode, facile, avec des paliers nombreux sur lesquels il peut s'arrêter à tout moment pour admirer. Nous avons fait cette ascension un grand nombre de fois ; et, chaque fois, avec un plaisir nouveau et grand !

Si les ascenseurs ont l'avantage de vous élever rapidement et de vous donner la surprise d'un changement subit, les escaliers vous permettent, par contre, de détailler le plaisir de la montée. C'est là une question de goût et de tempérament. En résumé, nous conseillons les deux modes d'ascension. Celui qui aura détaillé son plaisir *via*-escalier, recherchera ensuite les montées rapides. Celui qui n'aura vu, de la cabine, en passant, que des broussailles de fer, ne sera pas fâché de monter une fois à pied, tranquillement, savourant à l'aise les cent tableaux différents découpés dans le panorama de Paris par les entretoises et les treillis.

La montée *via*-escalier se faisant, par exemple par la pile Ouest, on a tout de suite une vue cavalière de cette ville de palais, au Champ-de-Mars.

Un tournant d'escalier vous met devant les yeux les dômes du Palais des Beaux-Arts, énormes bijoux de turquoise, derrière lesquels apparait, non moins énorme, le dôme des Invalides. Tout est colossal dans le colosse qui vous abrite.

La montée par l'escalier peut seule donner l'idée de l'immensité du travail de fer accompli sous le premier étage et son admi-

rable ordonnance. Elle procure le sentiment de la sécurité parfaite
donnée par l'édifice tout entier.

Lorsque l'on arrive aux trois quarts de la montée, à une quinzaine
de mètres au-dessous du premier étage, on se trouve abrité comme
dans une chambre, derrière les parois pleines qui forment à l'intérieur les encorbellements et les voussures qui supportent la

L'Intérieur d'un Restaurant.

galerie. Comme suspendues, sous le premier étage, sont les cuisines et les caves des restaurants. Il est curieux de voir les chefs
et les marmitons le nez à leurs fenêtres, si haut placées, et cepen-
dant en sous-sol.

Le premier Étage

Enfin, que vous émergiez de l'escalier, ou que vous sortiez de
la cabine de l'ascenseur, quelle surprise ! C'est à n'en pas croire
ses yeux. On ne sait, en vérité, où porter les regards ? Tout vous

sollicite, vous attire. Des restaurants magnifiques, grands comme
les plus grands établissements de Paris, vous ouvrent des portes
hospitalières. A quelques pas de là, des galeries donnent sur
l'ouverture béante au fond de laquelle se trouve la fontaine de
Saint-Vidal, les pelouses et les fleurs, entre les étonnants rac-

Au premier étage, devant un Restaurant.

courcis des piliers de la Tour, avec des bonshommes tout petits,
tels que Gulliver devait les voir en Lilliput. Mais si l'on se retourne,
c'est le merveilleux panorama de Paris qui se développe et vous
empoigne. On resterait des heures à le contempler. D'autant qu'on

éprouve, déjà à cette hauteur, un véritable bien-être. On respire à pleins poumons un air pur, étant au-dessus de la couche plus ou moins altérée et chargée de microbes qui avoisine le sol de la Capitale et remplit ses rues profondes.

Nous voici sur la plate-forme du premier étage. Sachez d'abord, que le pourtour extérieur de cette plate-forme est un immense carré de 70 mètres 69 de côté, enfermant près de 5.000 mètres superficiels.

Je suppose l'arrivée au premier étage par le pilier Ouest, par ascenseur ou par escalier. On remarque aussitôt que le premier étage a deux niveaux : celui des restaurants, balcons et terrasses et celui des galeries de pourtour, plus bas d'un mètre environ. Cette différence est rationnelle et ingénieuse, en ce qu'elle permet aux visiteurs des galeries de circuler sans obstruer la vue de ceux des restaurants et des terrasses. Douze escaliers mettent ces deux plans en communication.

Vous perdez le sentiment de la hauteur où vous êtes ; et dès que vous mettez le pied sur le premier étage, vous avez la sensation de l'entrée dans une ville. Si vous avancez sur la vaste terrasse qui s'étend devant vous, vers l'intérieur, vous arrivez devant une ouverture immense, béante, dans laquelle vous voyez, comme au fond d'un abîme, la fontaine de Saint-Vidal, les jardins, les lacs, le départ des piliers de la Tour ; tout en raccourci, tout petit. Au milieu de ce paysage vu à vol d'oiseau, les hommes circulent comme des êtres lilliputiens. On s'identifie tellement avec le colosse de fer qui vous porte, que l'on voit tout, au-dessous de soi, avec des yeux de géant.

Devant chaque restaurant règne un balcon arrondi, partant des pans coupés des terrasses intermédiaires et formant un gracieux dessin d'ensemble. Le gouffre béant mesure environ 25 mètres d'ouverture.

Les Restaurants et les Salles des fêtes

Dans l'intérieur, c'est une vaste salle richement décorée. Cette salle occupe toute la surface du bâtiment, moins l'espace pris par les deux escaliers conduisant à deux terrasses de premier étage, donnant vers l'intérieur de la Tour. Sous ces escaliers sont ménagés les offices de W. C.

La façade extérieure de chaque restaurant donne sur une terrasse de plain-pied avec la salle, dominant la galerie du pourtour. De là, la vue est merveilleuse. L'admiration et l'extase, aussi bien que l'ascension et l'air vif, poussent naturellement à la consommation dans ces restaurants.

Les caves et les cuisines en sous-sol sont vastes et commodes.

Le Restaurant Russe.

En sous-sol à 55 mètres au-dessus du niveau du Champ-de-Mars ! Lorsque vous monterez et que vous verrez par vous-même, vous direz que les phrases que vous venez de lire ne sont ni baroques ni fantaisistes. M. Eiffel vous élève à des hauteurs où les termes terre-à-terre de cette terre, sur laquelle nous rampons, ont besoin d'être corrigés, modifiés, élargis.

Le dernier mot n'est pas dit pour les installations à faire sous le sol du premier étage, dans les espaces vides si considérables

que vous remarquez entre les fers de la charpente. Il y aura là,
quelque jour, des installations de toutes sortes : étables, poulail-
lers, glacières et même des fours à pâtisserie, pour les restaurants
et les bars : tout aussi bien que les caves et les cuisines qu'on y
voit actuellement.

Qui sait? lorsque la Tour Eiffel sera, avec le temps, devenue
un lieu hygiénique, l'équivalent d'une station balnéaire, le sana-
torium des anémiés d'en bas, si l'on n'y installera pas des chambres,

La Terrasse du Restaurant.

des salles de bains, de douches, de gymnastique et d'escrime. Tout
est possible dans ce vaste sous-sol... en l'air ! En attendant, il y a
deux restaurants : le restaurant français et le restaurant russe, et
deux grandes salles qui remplacent les restaurants américain et
d'Alsace-Lorraine qui existaient pendant l'Exposition et qui servent
de salles de lecture, de distraction, de salles de fêtes et de ban-
quets et même de théâtre ; boutiques de photographes et de souvenirs de la Tour.

COUP D'ŒIL SUR LE PANORAMA

L'ascensionniste fera bien de commencer la visite du premier étage par une promenade sur les galeries extérieures. Le tour de ces galeries mesure 282^{m}76 de longueur, chaque côté ayant 70^{m}69. C'est donc une grande et belle promenade.

L'Angle du Pilier Ouest au Premier Étage.

Si le visiteur est arrivé, par exemple, par la pile Ouest, il fera bien de commencer par la galerie qui fait face au pont d'Iéna et au Trocadéro, c'est le nouveau Paris, spacieux, élégant, borné par le Bois de Boulogne qui s'étend devant lui au second plan.

La planche n° 1 des *Vues panoramiques* de ce Guide, quoique prise plus haut, au second étage, donne exactement la représentation de ce qui se voit de cette galerie.

Passant à la galerie qui fait face à l'Esplanade des Invalides, le visiteur aura sous les yeux le panorama du vrai Paris, du cœur de la Cité, avec les silhouettes imposantes des vieux monuments, et Montmartre au fond. La Madeleine, l'Opéra, Saint-Augustin, le Palais de l'Industrie, la place de la Concorde, le Louvre, la Tour Saint-Jacques, Notre-Dame, etc., se trouvent dans cette partie du Panorama que traverse le cours de la Seine animé par des centaines de bateaux. (Voir la planche 2 des *Panoramas* de ce Guide.)

La galerie suivante — côté École Militaire — embrasse le Champ-de-Mars tout entier, qui apparaît comme un magnifique plan en relief. Ce coup d'œil est magnifique. Le dôme des Invalides apparaît derrière celui du Palais des Beaux-Arts, avec Saint-Sulpice et le Panthéon plus à gauche.

Peu de monuments au delà de l'École Militaire : mais on a les Palais de l'Exposition à ses pieds, et cela suffit.

La quatrième galerie fait face à Grenelle. Et ce n'est pas le plus vilain côté des panoramas. Non par le nombre des monuments, (il n'y en a pas), mais par la beauté pittoresque de ce côté de Paris. C'est le côté des couchers de soleil : et l'on sait que Paris a le privilège des plus beaux couchers de soleil.

La Seine coupe ce panorama en deux parties bien distinctes. Sur sa rive droite, les riants coteaux de Passy ; sur la rive gauche, la noire ville des usines de Grenelle et de Javel. Le contraste est saisissant. La Seine est superbe de ce côté, toujours lumineuse. Elle est coupée dans sa longueur par cette singulière île des Cygnes, longue, étroite et régulière comme un ruban. C'est là que s'élève la statue de la *Liberté éclairant le monde*, de Bartholdi. Au fond, le beau viaduc du Point-du-Jour fait tableau. A gauche, du côté de Meudon, l'on voit presque tous les jours s'élever des ballons. Ce sont les expériences d'aérostation militaire qui se font là-bas.

Pour cette galerie, voir également la troisième *Vue panoramique* de ce Guide.

L'Intérieur du Restaurant Russe.

Jumelles et Longues-vues

Un service de location de puissantes jumelles marines est établi sur la Tour Eiffel. On en trouve quatre dépôts au premier étage, un pour chaque galerie, et un dépôt au second étage.

Le mode de location imposé au concessionnaire est parfaitement rationnel.

Le prix de location est invariablement de 1 franc, quel que soit le temps d'usage. Que l'on garde la jumelle quatre heures ou cinq

La Salle de lecture et de distraction.

minutes, c'est toujours 1 franc. De plus, on a le droit de se servir de la jumelle louée au premier et au second étage, à son gré, sans augmentation du prix de location. Et ces jumelles sont excellentes.

Il y a aussi des longues-vues en location.

On ne pourrait trop louer l'administration de la Tour Eiffel d'avoir prévu ce détail et d'avoir si bien compris l'intérêt des ascensionnistes.

En route pour le second Étage

Si vous voulez monter au second étage en ascenseur, c'est l'ascenseur Otis qui vous y élèvera en une petite minute. A peine le temps de constater que les treillis de fer sont plus sveltes, plus espacés, et que le constructeur a allégé le poids à mesure que l'édifice s'élevait.

Galerie du Pourtour du Premier Étage.

Si vous voulez vraiment jouir d'un coup d'œil merveilleux, de la transformation des choses ; si vous voulez savourer les impressions que vous donne cette admirable ascension, c'est à pied qu'il faut la faire, du moins de temps à autre. Dans ce cas, il faut rejoindre l'escalier héliçoïdal de la pile Nord consacrée à la montée. Le bureau des tickets est derrière l'escalier. La montée est curieuse.

Par exemple, arrêtez-vous vers la 160e marche, pour voir un des plus jolis morceaux de Paris découpé par les entretoises. Le cadre est largement ouvert. L'on voit de Montmartre au Panthéon. Montmartre donne le sentiment de son altitude ; il se découpe encore sur le ciel, au-dessus de l'horizon.

Si vous regardez au-dessous de vous, vous ne voyez que zinc et verre. Ce sont les toitures rondes des restaurants et des loggias des galeries extérieures du premier étage. Du milieu de ces couvertures brillantes, vous voyez sortir la pile Ouest. On perd le sentiment de l'élévation où l'on se trouve et jusqu'au souvenir des pieds de la Tour, qui vont du sol au premier étage. Toute cette colossale construction du bas n'est plus appréciable, ayant disparu. Il semble que le premier étage soit un point de départ nouveau. Pour l'ascensionniste placé entre le premier étage et le second, la Tour semble partir du premier comme d'un sol nouveau.

Au Premier Étage.

Galerie du Pourtour du Deuxième Étage.

LE SECOND ÉTAGE

Si vous arrivez par les ascenseurs, vous débouchez dans la pile Sud. Si c'est par l'escalier, vous émergez dans la pile Nord.

Sur cette seconde plate-forme il y a un bar et des boutiques de pâtisserie concédés à M. Jacquet, de la Boulangerie Viennoise. On y peut luncher excellemment.

Du second au troisième Étage

L'ascension, même par ascenseur, vous procure de grandes jouissances. Vous vous sentez plus dans l'air. La cage de fer qui vous emprisonne devient plus étroite, et plus légère aussi. Vous n'avez du reste pas le temps de noter beaucoup de sensations. Il en est qui ne s'en plaindront point, puisqu'ils auront conservé toute leur admiration pour le sommet.

Impressions d'un Piéton

Pour pouvoir donner des impressions justes, j'ai plusieurs fois fait l'ascension du second au troisième par l'escalier. C'est en décrivant les impressions ressenties durant ces ascensions faites à pied, que je serai le meilleur guide et conseiller pour les voyageurs de l'ascenseur.

L'escalier est héliçoïdal ; il n'est pas livré au public. La distance qui sépare le second étage du plancher intermédiaire est de 83 mètres. L'horizon s'étend démesurément. Ce ne sont, de toutes parts, que des tableaux merveilleux découpés par les treillis. Un album de vues variées à l'infini, dans d'innombrables cadres. Le fer n'est plus du tout gênant comme au-dessous. Les entretoises sont d'une légèreté extrême et, dans les jours énormes dessinés entre ces croix de Saint-André, les fragments du panorama sont bizarrement découpés, comme des panneaux japonais.

Je m'arrête à mi-chemin, entre le second étage et le plancher intermédiaire, à peu près à 160 mètres de hauteur. Le Mont-Valérien et Montmartre perdent de leur hauteur, leurs sommets affleurent l'horizon. Au delà, apparaissent déjà des coteaux jusqu'ici invisibles, des terres nouvelles.

Un phénomène curieux se produit, qui va en augmentant à mesure que l'on s'élève. Tandis que les choses éloignées semblent se rapprocher, celles qui sont au pied de la Tour semblent s'éloigner. Le Point-du-Jour, les panaches des chemins de fer de Versailles et de Ceinture paraissent plus près : et le Trocadéro plus éloigné.

On distingue encore le bruit des voitures.

Quelques martinets tournent autour de la Tour, un peu plus haut que le point où je me trouve. Inquiets. Pensez donc ! un profane dans le monde des oiseaux !

Le Plancher intermédiaire

Je reprends ma course.

Me voici au plancher intermédiaire. Juste à 200 mètres de la belle Fontaine de Saint-Vidal.

C'est ici que les deux cabines de l'ascenseur Edoux échangent leurs voyageurs. Celle qui s'élève du second étage arrivera là, sous la même action mécanique et en même temps que celle qui descendra du troisième. A la rencontre, elles boucheront les deux trous béants que je vois ; et leurs planchers ne feront qu'un avec celui du balcon placé entre elles. Le balcon est divisé en deux parties. Sur l'une déboucheront les ascensionnistes de la cabine « montante »; de l'autre sortiront les « descendants ». Si bien que chacune se remplira de ce qui sortira de l'autre.

Tout autour, une assez spacieuse terrasse où les ascensionnistes pourront faire une petite station de curiosité, entre deux trains, c'est le cas de le dire.

L'ascenseur Edoux, logé entre trois montants qui portent les pistons, les chaînes, les glissières et les tuyaux, est orienté de façon à avoir une cabine nord dans la direction de l'Arc-de-Triomphe et une cabine sud vers Grenelle. La cabine nord fait l'ascension supérieure du plancher intermédiaire au troisième et la cabine sud fait le service inférieur. Ces cabines sont très vastes.

Du plancher, la vue est magnifique. On est plus près des fers de la Tour et les découpures dans le panorama sont plus larges.

Pauvre Montmartre ! pauvre Mont-Valérien ! L'horizon les dépasse maintenant, les submerge. Leurs silhouettes n'ont plus aucun commerce avec le ciel. Elles se détachent minablement sur les terres d'au delà.

Des pays nouveaux sont visibles.

A la hauteur où je me trouve, les martinets tournoient autour de moi. Je crois entendre une insulte dans leurs cris stridents.

« Que viens-tu faire là, misérable sans-ailes ; que ne continues-tu pas à rester sur la terre, être rampant ! »

Ils n'ont pas osé dire « sans plumes » ayant peur de l'encre.

Du Plancher intermédiaire au sommet

Quatrième étape. Encore 75 mètres !

Allons ! je m'aperçois que la carcasse de fer se rapproche de l'axe. L'ascenseur Edoux finira par remplir l'ossature et par affleurer les entretoises. C'est que la Tour s'amincit notablement.

On voudrait s'arrêter à chaque marche, tant il y a de belles choses et de surprises tout autour de la Tour. L'École Militaire surgit peu à peu derrière le masque de fer et de verre derrière lequel on l'a cachée, et le puits de Grenelle se dégage tout entier. Je vois les cavaliers manœuvrer dans les cours des grandes casernes : mais si petits, si petits qu'on dirait des cirons à cheval sur des puces. Je crois voir des cloportes dans ces cours. En y regardant, je démêle que ce sont des caissons d'artillerie.

LE TROISIÈME ÉTAGE

Que vous y parveniez par escalier ou par ascenseur, vous débouchez dans une vaste salle octogonale, ou si vous le préférez, carrée à pans coupés. Les grands côtés mesurent une douzaine de mètres et les pans coupés deux mètres environ. La salle mesure un peu plus de deux mètres et demi en hauteur. Boutiques de souvenirs, bureau télégraphique, bar, installation d'un photographe.

A hauteur de vue, de magnifiques glaces ferment les baies; et là, à l'abri des intempéries, on peut admirer le panorama incomparable qui vous entoure. C'est là le terminus de l'escalade publique. C'est là que s'arrêteront les ascensions.

Mais l'édifice mesure encore plus de 25 mètres au-dessus du sol de ce salon extraordinaire.

Le Logement de M. Eiffel

Je monte plus haut encore pour pouvoir donner à mes lecteurs une description complète de la Tour.

Un escalier en fer de dix marches conduit à un étage supérieur. C'est l'appartement de M. Eiffel et des savants. Une salle triangulaire assez vaste et quatre ou cinq cabinets, ce sont les laboratoires de météorologie, de physiologie, de biologie. La construction est en double muraille de bois. Le vide est rempli de « coton minéral », matière merveilleuse, légère, mauvaise conductrice de la chaleur, rebelle à la vermine. C'est de l'argile prenant l'aspect de laine ou de coton sous une action physique donnée.

M. Eiffel sera chaudement en hiver et au frais en été derrière ce matelas de coton minéral, comme derrière le mur le plus épais. Cet étage ressemble à un intérieur de navire. Comme le logement de M. Eiffel occupe une surface beaucoup plus petite que l'étage inférieur, il est entouré d'une magnifique terrasse, large de près de trois mètres. Cette terrasse est une pure merveille. Les savants ont pu y faire les expériences qui doivent être faites à ciel ouvert:

et les amis de M. Eiffel y passent d'heureux instants, loin et très au-dessus des choses de cette terre.

J'ai eu de la peine à m'en arracher. Quel horizon ! C'est indescriptible ! Les bruits de Paris ont disparu. Seul, un bourdonnement en sourdine arrive encore à mes oreilles, accompagnant les gémissements graves des sirènes fluviales et les sifflements aigus des locomotives.

Je monte encore. Un escalier droit, de trente marches, conduit à un petit palier rond qui n'a pas un mètre de surface. Je suis au-dessus des hautes poutres en treillis de fer verticales, placées au-dessus de la grande salle, et parfaitement visibles d'en bas.

Ces poutres ont une épaisseur d'environ 70 centimètres. Entre les treillis de celles qui s'orientent du nord au sud, M. Léon Edoux a logé les poulies supérieures et les puissantes chaînes de son ascenseur.

Le dessus de ces poutres est en tôle pleine et forme un plan étroit et allongé sur lequel je ne me promènerais pas pour trois francs soixante-quinze.

Aux extrémités de ces poutres naissent les arcs sur le croisement desquels s'élève le campanile dans lequel est abrité le phare.

A partir d'ici, plus d'escalier. Dans le tube en fer qui forme l'axe de cette partie supérieure il y a une porte. En regardant dans ce tube on voit, à gauche, une échelle en fer collée à la paroi. Il faut monter par là. Vingt échelons, pas plus : et l'on est dans une petite loge octogonale, percée de fenêtres, d'où l'on peut regarder l'immensité. Un petit balcon d'un mètre entoure cette cage intermédiaire. Mais l'intérêt est plus haut.

Dans le Campanile

J'ai eu la bonne fortune de rencontrer là le nommé Ferret père, gardien et mécanicien du phare. Il venait de monter, avec son déjeuner dans une musette ; il a ouvert la trappe en fer, fermée à cadenas, et par un petit escalier droit de dix marches nous sommes arrivés dans la loge du phare. La lanterne était recouverte d'une housse en toile rayée rouge et blanc.

— Vous venez ici tous les jours ?

— Oui, monsieur. M. Eiffel a eu la bonté de me nommer gardien du phare, sur la recommandation de M. Saladin, ingénieur électricien.

— Et vous restez là tout seul ?

— Je descends, lorsque cela est nécessaire, jusqu'à l'étage de M. Eiffel ; mais je n'en ai guère le temps, ayant chaque jour plus d'une demi-journée de travail pour entretenir les prismes, le mécanisme et les glaces du phare dans l'état de propreté qu'il faut, à cause de la poussière.

— La poussière vous vient donc de là-bas : de Paris ?

— Du tout : c'est de la poussière qui se produit pendant la combustion des charbons. Voyez plutôt.

Et le brave homme me montra la poussière de charbon qui s'était accumulée sur toutes les parties horizontales de la machine.

La cabine du phare a 2 mètres 60 de diamètre ; elle est décagonale. Elle est à panneaux pleins jusqu'à la hauteur de 1 mètre 75, et vitrée au-dessus. La hauteur de la cabine est de 3 mètres 30.

La lanterne proprement dite a 90 centimètres de diamètre et repose sur trois pieds en fer. Elle touche au plafond de la cabine et correspond à la partie vitrée des panneaux, de façon à lancer au dehors les rayons qui traversent ses prismes.

Les crayons en charbon entre lesquels se produit la combustion lumineuse sont énormes. Ils n'ont pas moins de 3 centimètres de diamètre. Le cylindre des prismes en cristal est fixe. Tout autour, tourne un cylindre ou manchon en glace blanche, mu par un petit moteur électrique. On a placé contre ce manchon, tantôt à 14 centimètres l'un de l'autre, tantôt à 26, des bandes de verre rouges et bleues larges de 14 centimètres. Si bien que lorsque le manchon se meut, la lumière du phare apparaît successivement avec les couleurs nationales.

On sort du campanile par un trou de 90 centimètres de hauteur, pour arriver sur un petit balcon qui en fait le tour extérieurement. C'est le dernier. Ce balcon, très étroit, ne mesurant que 60 centimètres de largeur, je n'en conseille pas l'usage aux personnes qui ont le vertige.

Telle est la description d'une ascension totale de la Tour, y compris la partie réservée.

Du dernier petit balcon j'ai revu mes martinets, ils voletaient pauvrement, à cinquante mètres au-dessous de moi. A mon tour j'eus un mouvement d'orgueil. Et j'allais leur rendre dédain pour dédain, lorsque je me pris à penser que je n'étais pour rien du tout dans la position si élevée que j'occupais au-dessus de deux millions de contemporains qui grouillaient là, au-dessous de moi, comme des fourmis... et que, sans M. Eiffel... »

Le Phare de la Tour

Le phare placé au sommet de la Tour Eiffel, à plus de 300 mètres de hauteur, est tout à fait semblable à ceux qui éclairent nos

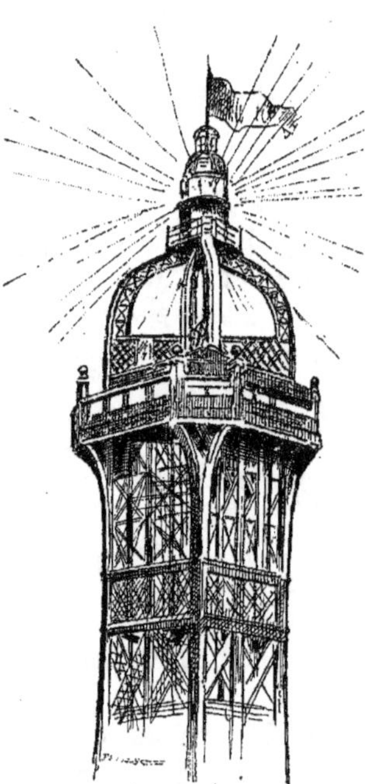

côtes, quant au mécanisme, mais sa puissance est supérieure à celle du phare le plus puissant. La source de lumière est un arc voltaïque de 5,500 carcels. La lumière est multipliée dans les verres dioptriques et atteint la puissance extraordinaire. de 70,000 carcels, dans la direction de l'horizon.

Quand il s'agit d'illuminer des objets placés à petite distance, la lumière est multipliée dans de bien moindres proportions dans les verres catadioptiques à travers lesquels on la fait passer.

Tout le monde peut remarquer que le phare donne alternativement des feux tricolores, rouge, blanc et bleu : le drapeau national dans la nuit.

Les lentilles qui colorent la lumière tournent sur un tambour mobile, qui est mû par un petit moteur électrique.

La lumière du phare est produite par un dynamo. Les machines qui fournissent au phare la lumière et le mouvement, sont logées dans la grande chambre du soubassement de la pile Sud de la Tour.

Les Projecteurs

Les projecteurs qui lancent tous les soirs un faisceau de lumière sur Paris et ses environs, sont du système Mangin. Ils ont été, ainsi que les appareils du phare, construits par MM. Sautter Lemonnier.

Dans le phare, la lumière est répartie sur une grande surface. Dans les projections elle est au contraire concentrée. A la Tour Eiffel on a obtenu des intensités inouïes, les plus grandes que l'on ait atteintes jusqu'à ce jour. Qu'on en juge par ce fait que l'intensité d'un faisceau lumineux des projecteurs de la Tour peut égaler celle de six à huit millions de becs-carcel. Elle permet d'éclairer avec une netteté incroyable les monuments de Paris. Les faisceaux lumineux que certains comparent à des ailes de moulin démesurées de quelque féerie, que d'autres comparent à un pinceau de lumière qui caresse l'immense Paris pour se fixer, selon la volonté de l'opérateur, sur tel ou tel point, éclairent si bien qu'il est possible de distinguer les moindres détails du monument visé.

C'est un spectacle magique que ces fragments de Paris qui, tout à coup, sortent de la nuit et vous apparaissent comme éclairés par le plein soleil. Un des effets les plus saisissants est certainement l'éclairage de la Fontaine Coutan. Le projecteur s'oriente d'abord sur la statue qui surmonte le Dôme Central. Puis, par petites saccades, le faisceau descend sur la coupole, sur le fronton, sur le portail du dôme ; puis il arrive à la statue colossale placée devant l'édifice ; puis se rapprochant encore il éclaire le groupe énorme et gracieux de la fontaine. C'est alors un spectacle unique.

Les projecteurs de la Tour Eiffel sont un des plus puissants des éléments de distractions pour les visiteurs des Soirées du Champ-de-Mars.

C'est qu'en effet il n'est rien de plus fantastique et de plus saisissant que le mouvement de ces longs faisceaux qui, grâce à des dispositions très simples, peuvent s'incliner jusqu'à quarante-cinq degrés, se relever, glisser sur les jardins du Champ-de-Mars, sur ses dômes, se relever ensuite jusqu'aux points les plus éloignés de l'horizon, monter encore et aller sur les nuages.

Au point de vue scientifique, les faisceaux de lumière lancés dans l'espace par les projecteurs de la Tour Eiffel ont déjà permis à M. Janssen de faire de très curieuses expériences. Il a demandé qu'ils fussent dirigés sur l'Observatoire de Meudon.

Si l'atmosphère terrestre avait partout la même densité, les 7,800 mètres qui séparent le sommet de la Tour Eiffel de Meudon figureraient à peu près la profondeur de l'atmosphère qui entoure notre planète. M. Janssen admet qu'en passant de la Tour à Meudon, le rayon lumineux rencontre le même nombre de molécules d'air que rencontrerait un rayon tournant verticalement notre atmosphère. Et là-dessus, M. Janssen a basé des expériences du plus vif intérêt pour la science.

Si ce Guide effleure ici l'utilité scientifique de la Tour, c'est pour répondre une fois de plus à ceux qui, bien à la légère, lancent cette question irréfléchie : A quoi peut-elle servir ?

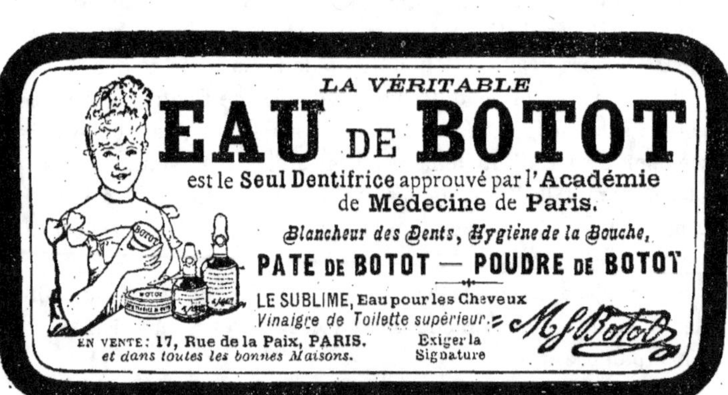

UTILITÉ SCIENTIFIQUE DE LA TOUR

Au-dessus du phare se trouve une petite terrasse au milieu de laquelle est plantée la hampe de l'énorme drapeau qui flotte au-dessus de la Tour. Cette hampe a la proportion d'un mât, parce que le drapeau est placé assez haut pour ne pas gêner les instruments d'observations astronomiques et scientifiques qui y sont accumulés et qui, placés à cette hauteur, sont dans un air pur, au-dessus des brumes basses qui couvrent souvent l'Observatoire.

On n'avait jusqu'à ce jour, pour la poursuite des opérations scientifiques, que l'instable et tournoyante nacelle des aérostats. Pour la première fois on a, à une hauteur de 300 mètres au-dessus du sol, un point libre et stable sur lequel on peut étudier la chute des corps dans l'air, la résistance de l'air dans les différentes vitesses, les lois de l'électricité, la compression du gaz ou des vapeurs, l'oscillation du pendule, la rotation de la terre, etc., etc.

L'hygiène et la science y trouvent également leur compte, puisqu'on peut y étudier la direction et la violence des courants atmosphériques, l'état et la composition de l'atmosphère et son électrisation, les courants supérieurs, la foudre, la température aux différentes hauteurs et l'hygrométrie de l'atmosphère.

En cas de guerre on pourrait observer l'ennemi, du haut de la Tour, jusqu'à 60 ou 70 kilomètres de rayon, par-dessus les forts de défense; et l'on pourrait correspondre avec des postes de télégraphie optique jusqu'à 150 kilomètres; en tout cas avec Alençon, Beauvais, Orléans et Rouen.

Poids de la Tour

Le poids total, y compris celui de toutes les constructions qu'elle porte, peut être évalué à 9,000,000 de kilogrammes.

Le poids des fers employés est de 7,000,000 de kilogrammes.

Le poids des rivets en fer qui relient les pièces entre elles est d'environ 450,000 kilogrammes ; leur nombre total est de 2,500,000 ; sur ce chiffre, 800,000 ont été posés à la main sur le chantier même de la Tour.

Le nombre des pièces métalliques qui s'entrecroisent en tous sens est de 12,000, et chacune d'elles, en raison de leur forme même et de leur direction sans cesse variée dans l'espace, a nécessité un dessin spécial. C'est donc l'énorme masse de 12,000 dessins qui est sortie, calculée par logarithmes, avec une précision de un dixième de millimètre, du bureau des études de l'usine Eiffel, à Levallois-Perret : une montagne de dessins a préparé cette montagne de fer. Et dans tout cela, ainsi que le constatent les rapports officiels du service de contrôle de l'Exposition, il n'y a pas eu une seule incertitude et pas une seule erreur.

Prix de revient de la Tour Eiffel

La construction de la Tour Eiffel a coûté 6,500,000 francs. En voici le détail :

Fondations, maçonnerie, soubassements	900.000 fr.
Montage métallique ; fers ; octroi pour les fers.	3.800.000 »
Peinture : quatre couches dont deux au minium.	200.000 »
Ascenseurs et machines.	1.200.000 »
Restaurants, décoration des plates-formes de la Tour, installations diverses.	400.000 »
Total. . .	6.500.000 fr.

Au cours de la construction M. Eiffel s'est efforcé de modifier le plan primitif chaque fois qu'il a eu conscience d'accomplir une amélioration. Dans ce but, il a employé près de 600 tonnes de fer supplémentaires dans la partie comprise entre les fondations et le premier étage. Les fers et les fontes, à cet étage, représentent un poids de 3,562,800 kilogrammes.

Les ascenseurs ont coûté 600,000 francs de plus qu'on ne l'avait prévu.

*
* *

Sur la susdite somme de 6,500,000 francs, l'État a donné à
M. Eiffel une subvention de 1,500,000 francs et la Ville de Paris
a concédé le terrain. Mais dans un délai de vingt années à partir
de la clôture de l'Exposition, la Tour appartiendra à la Ville.

En attendant, la jouissance en appartient à une Société finan-
cière, la *Société de la Tour Eiffel*, qui a été formée par M. Eiffel
et deux ou trois grandes maisons de banque. Le capital en est de
5,100,000 francs. Les 100,000 francs représentent le fonds de
roulement nécessaire. Les 5,000,000 représentent la valeur ; il n'y
a pas eu d'émission publique. La moitié des parts a été remise
à M. Eiffel pour ses apports ; l'autre moitié, divisée entre les
sociétés traitantes.

Le produit des ascensions pendant les vingt autres années
constituerait ainsi le bénéfice net de cette opération, qui sera
peut-être à la fois la plus grande de ce siècle au point de vue
industriel et la meilleure au point de vue financier.

TABLE DES MATIÈRES

Paris. — Imp. MICHELS et Fils, passage du Caire, 8 et 10.
Usine à vapeur et Ateliers, rue des Filles-Dieu, 8 et 10.

GRAND PANORAMA
HISTOIRE
DU
SIÈCLE
1789 - 1889
PEINTURE DE
MM. STEVENS & GERVEX
JARDIN DES TUILERIES
2.500 PERSONNAGES, GRANDEUR NATURELLE
Ouvert tous les jours
Entrée 1 Franc

ét:

133

· P A R I S ·

IMPRIMERIE BREVETÉE: MICHELS & FILS

8 & 10, Passage du Caire, 8 & 10.

USINE A VAPEUR & ATELIERS

Rue des Filles-Dieu, 8 & 10